Poesia Original

ASFALTO

asfalto

DIANA JUNKES

poemas

Ilustrações Marcos Garuti

1ª edição, São Paulo, 2022

LARANJA ● ORIGINAL

para rodrigo e lígia,
poesia que a palavra não alcança

> *"quem não é capaz de tomar partido deve calar"*
> walter benjamin[1]

prefácio

asfalto, quarto livro de Diana Junkes, é um livro que se distingue em muito dos demais que a autora escreveu. Assume, para começar, apenas uma palavra como título ao passo que os títulos dos seus outros livros são sempre de estrutura tríptica: *clowns cronópios silêncios*, *sol quando agora* e *asas plumas macramê*. Nesse ponto, *asfalto* abre um caminho novo para a poesia de Junkes. Dividido em cinco seções, *asfalto* é extenso comparado aos demais, seja no número de poemas (e nisso *asfalto* se aproxima do primeiro livro, *clowns cronópios silêncios*), seja no 'tamanho' dos mesmos (o que o aproxima dessa vez de *macramê...*), indicando uma fatura mais aberta, ainda que a poeta, em momento algum, reitero, abra mão da costura, do corte, do ritmo típicos da poesia. Um traço comum em seus livros é a elisão da vírgula, fazendo com que seja o ritmo da leitura que demarcará a respiração esperada: "se for surdo cego egoísta para que pedir?/deus não fala deus é mudo"[1] ("ópio"). Outra constância é a presença apenas das minúsculas tanto no título quanto no corpo de texto. Mas essas semelhanças não são só no plano formal, estão em certos aspectos e temas que sempre acompanham a autora de perto. Um desses aspectos é o traço imagético, que muitas vezes é de gosto e estilo surreal. Em *clowns...*, há construções tais como "sapatos azuis dançam" e "o violão tímido escreve amarelos". Nele se insinua toda uma tradição da imagem que

---

1 *asfalto*, p. 25.

se mantem no livro seguinte, *sol quando agora*. No entanto, se a marca de *clowns...* é o noturno (para começar nas ilustrações que acompanham os poemas com predominância do fundo preto), *sol quando agora* será, como o título sugere, da ordem da iluminação. Os poemas de *sol...* continuam imagéticos, sintéticos e descritivos; contudo, diferentemente de *clowns...*, o tom é mais vigoroso. Pensando em termos fenomenológicos, na casa do ser que constitui a linguagem, dos setores da casa, o que está em jogo nos poemas de *clowns...* é o porão, noturno, subterrâneo, ao passo que em *sol...* é o sótão que constitui espaço.

Mas observe: sótão e porão são áreas escondidas. É um mundo recolhido se apresentando nesses livros. Em contrapartida, *asfalto* é marcado pela comunicação de quem pôs os pés na calçada. O imagético, ainda que em *asfalto* seja quantitativamente menor em comparação com os outros livros, talvez devido ao tema que aborda, não perde nos momentos em que retorna sua voltagem poética em poemas como "vão" ("o tumor em carne viva/ na pele do peito feito flor/ fúcsia carnívora em desalinho/ derrama-se nas praças nos lares")[2] e "adeus" ("um vulto recolhe/ os relâmpagos do passado")[3]. Por sinal, quando se cotejam os livros de Diana Junkes, há semelhanças entre *sol...* e *asfalto* de um lado comparadas com *clowns...* e *asas...* de outro.

Como *sol...*, *asfalto* é um livro dividido em seções com poemas intitulados. Há, portanto, um aspecto formal nesses dois livros que os aproxima, ainda que sejam duas formalidades diferentes. O próprio fato de esses dois livros serem divididos em seções enquanto que os outros dois que os intercalam, não, aponta para a busca de um rigor que em *sol* aparece de forma apolínea. No caso, em *sol...*, a luz assume uma verticalidade,

---

2 *asfalto*, p. 34.
3 ibidem, p. 27.

como no poema "altitude", em que se chama a atenção para "olhar a luz ouvir a luz/sentir o cheiro da luz/sorver o corpo da luz/ sob a água morna"[4].

Por sua vez, o que há de formal em *asfalto* não é mais sob a capa do apolíneo, mas de um rigor que se horizontaliza, subscreve-se ao rés das coisas, é infenso à beleza. Rigor não mais grego, mas terceiro-mundista, à brasileira. Não mais apolíneo, mas cabralino, e que se opera desde o concreto de São Paulo ao agreste do cacto de Bandeira. Na obra da poeta, a crise da metáfora, que acaba sendo uma crise da imaginação, já se insinua nas palavras finais de *sol...*, em que suas imagens, que se querem cada vez mais claras, não só trazem as formas, como acabam por desfazê-las em cegueira branca. A verticalidade se traduz ao final de *sol...* em puro céu sem asas, em liberdade que se liberta dos mastros. À maneira de Wittgenstein que ao final de sua obra mais conhecida, o *Tractatus logico-philosophicus*, põe a largar a escada que fez uso para que, agora sem ela, continue seguindo, Diana Junkes adota estratégia parecida em nome de "essências mais simples"[5]. Seu livro termina apontando para o presente como única dimensão viável se o que se pretende é o futuro: "olhar o presente bem nos olhos/ele é decidido e estende a mão/única companhia possível/ para ir a algum lugar"[6]. Cristalizava-se assim uma pequena revolução que estava por vir. Do porão ao sótão, a casa é agora pequena. É preciso sair de casa, conviver e seguir. Para entender o que aconteceu da segunda à última obra, chamo a atenção para um poema de *asfalto*: "Rodas".

Há, nesse poema, e no livro como um todo, um desejo em se dirigir a todos, em especial, aos esquecidos e invisíveis. Diana

---

4 *sol quando agora*, p. 27.
5 ibidem, p. 63.
6 ibidem, p. 67.

Junkes alcança aqui um equilíbrio raro entre imagem e contundência: "... a pequenina carroça/ estanca as lágrimas da cidade inteira/ arqueja e é indiferente ao mal-estar/que arrota sobre a rua movimentada"[7]. A imagem, ao mesmo tempo em que protege o leitor de um contato mais desnudo com o real, acentua as cores. O poema seguinte, "domingo em guadalupe", que trata do assassinato de Evaldo Rosa dos Santos na volta de um chá de bebê com a família, deflagra esse movimento ético e estético de sua escrita em que o intolerável da ação covarde é esteticamente suportável na medida em que é acentuada pela pena da poeta: "a justiça dos soldados perfura/ o corpo negro até a medula:/ ossos esfacelados os olhos ocos nas órbitas/ acordes encarnados"[8]. Impossível não notar nesse domingo sangrento semelhança com "Domingo no parque" de Gilberto Gil: o dia em que a família comemora é dia de carnificina. Já que citamos o compositor baiano, não custa lembrar que Evaldo era músico, como se dois brasis se cruzassem, em meio à brincadeira e à confusão. Como Gilberto Gil que combina os elementos do sorvete e da rosa, Diana Junkes destaca também a imagem dessa flor: "as rosas as famílias o ar/ não podem destroçar/ as penúrias do domingo"[9]. Descreve assim nossa insensibilidade com a morte e sofrimento alheios.

Em "transporte público", escreve: "só me abalo se o morto é criança/ o choro dos pais a faca do desatino/ a ordem inversa da vida é vil/ se não é criança a carniça/ para mim tanto faz"[10]. A autora é parcial, adota, sem titubear, um lado; sabe que literatura não é jornalismo. Pois é a palavra do imigrante, do excluído, da criança, do negro, do pobre, do gay, da lésbica, do homem

---

7 *asfalto*, p. 28.
8 idem, p. 29.
9 idem, p. 30.
10 ibidem, p. 31.

trans, da mulher trans, da mulher cis, da mãe solo, do órfão que importa; o mais é neutralidade hipócrita: "o pior roubo é o da palavra/ escola parca de bancos ausentes/ sequestra do menino a voz/ mutila do menino a vez/ enfia pedras goela abaixo"[11] ("o levante do rei congo"). A postura radicaliza-se (no sentido de *radix*, 'ir às raízes') em "carta ao lula". O poema, à maneira de um desabafo, é o registro traumático de um processo que resultou na deposição da primeira presidente do país e prisão de seu maior líder sindical. Como o Drummond em *Sentimento do mundo*, a condição humana aparece em *asfalto* como condição universal, sem abrir mão da história; trata-se do drama de uma marcha que unifica todos na mesma "pangeia": "cada um parte a corrente de sua própria ilusão/ mas as travessias são inúteis/ a espaçonave de mágoas/ retorna todos os dias em/ luanda roma damasco/ lima sampa ou bh"[12]. Mas se o sofrimento é unânime, em contrapartida, não é homogêneo, como a autora denuncia, e eu até diria, autodenuncia, no poema "babel": "o garçom que ali serve talvez fosse médico/ engenheiro um artista um sonhador um perdedor/ agora equilibra os pratos a sorte ou a morte/ numa língua desconhecida (minha língua)"[13]. Ao escrever no fim da estrofe o sintagma "minha língua", Diana Junkes dá ciência de que ocupa um espaço privilegiado do país.

Nesse ponto, a poeta faz *mea culpa* da vida que desfruta, sabe que sua vida está impune (como afirma no poema "pietá"). Ela reclama contra a inépcia de uma esquerda que sobrevive ao neoliberalismo, que até o desfruta de alguma forma, com suas "bandeiras vermelhas/ que agora estão embaixo da cama"[14] ("ópio"), como as camisas de Che vendidas nos shoppings. As

---

11 ibidem, p. 32.
12 ibidem, p. 24.
13 ibidem, p. 78.
14 ibidem, p. 25.

palavras entram em conflito. Junkes faz parte de uma geração que fez do engajamento metalinguagem: "pelas janelas dos jornais de amanhã/ sílabas-guilhotinas silenciam/ letras (em manchetes) mortas" ("noturno")[15]. Política e metalinguagem também presentes no citado "babel": "há poemas agarrados às paredes/ eu suponho que são poemas/ ao notar as formas inscritas"[16], e mais à frente, "sinto transbordar os fonemas/ que não identifico/ não compreendo as letras/ da desconhecida língua do garçom"[17]. Eis uma combinação que encontramos do início ao fim do livro. Em "heresia", a autora escreve: "o insuportável do belo/ aniquila minhas palavras/ uma larva-seiva de linguagem/ agoniza e mal preenche/ o insalubre e necessário/ gosto verde-neblina"[18].

No atinente ao que pode ser chamado de metapoesia, um poema que não pode ser deixado de fora é "o que é poesia". O título, ainda que nos leve a lê-lo como uma pergunta, não é. Pelo contrário, sem o ponto de interrogação, é uma afirmação. Mas o poema não faz alusão a definições, trata apenas de soluções de nossa vida comum. Penso, lendo esse poema, no Wittgenstein de *Investigações filosóficas*, quando, *já sem escada*, aborda a linguagem como inessencial, subserviente apenas a funções. *Mutatis mutandis*, ao não perguntar sobre "o que é poesia", Diana mostra que o importante não é a sua definição, mas do que a poesia deve se ocupar, com quem ela deve se preocupar. O estranhamento, por sinal, é marca dessa escrita sempre enviesada, de uma universalidade outra, que não abdica da alteridade, que sempre desconfia de si. Essa é, para a poeta, a única universalidade possível. Por exemplo, em "crime", a autora relata essa

15 ibidem, p. 26.
16 cf. nota 17, p. 78.
17 p. 73.
18 Ibidem, p. 73.

referência à alteridade na ausência do nome, na ideia do nome como referência a uma pessoa e simbólica aniquilação: "assassinei o nome/ letra por letra som por som/ um nome que não sabia ler/ não tinha assinatura"[19].

Mas essa saída para o asfalto não se traduz só em enfrentamento. Há o encontro com a palavra meiga, com a língua geral, língua do povo: "fica mais um dia/ uma noite só por favor"[20] ("posse"). Em momentos como esse, Diana Junkes mostra sua inclinação pelo simbólico, como em seus outros livros. Há belas expressões populares resgatadas como "as sombras que a vela faz são bem bonitas"[21]: assim ela escreve em "livros de farinha". Esse poema, aliás, resgata, em versos livres, o ritmo, o estilo e mesmo o ambiente da literatura de cordel. Contudo, mesmo nesses momentos, ela não abdica de sua forja política. A própria natureza aparece aqui como lembrete de uma política desigual: "uma concha/ protege-se concha/ morre concha/ sem dizer nada" ("viña del mar")[22]. Penso na concha como símbolo do 'feminino' e, a esse 'sem dizer nada', o reclame do feminino pela palavra. Um elemento que vai fazer coro nessa parcialidade assumida pela poeta é o fato de ela ser uma mulher. Trata-se de um aspecto muito importante nessa poética, o que a distingue de autores e autoras que não veem em seu gênero algo prioritário em sua literatura. No caso de Diana Junkes, é; ela não abdica dessa facticidade, que já aparece em seu primeiro livro *clowns...*, ora em expressões ainda tímidas como "confissão obscena"[23], ora se revelando como ausência: "seu/ corpo/ sobre/ meu/ corpo/ latejando/

---

19 Ibidem, p. 44.
20 Ibidem, p. 52.
21 Ibidem, p. 53.
22 Ibidem, p. 59.
23 *clowns cronópios silêncios*, p. 11.

ausência"[24]. Em *asfalto*, o feminino é mais do que uma adjunção: é uma assunção do feminismo. No poema "maria", a violência física e psicológica é descrita sem rodeios: "o grito dói bem mais que os hematomas"[25]. A poeta deixa os personagens falarem, contarem suas estórias, por mais absurdas, num testemunho catártico: "o sexo é bom ele tão carinhoso/ amante generoso dormiam abraçados e não/ deixava faltar nada em casa..."[26].

Ainda no atinente ao que se costuma chamar de universo feminino, outro poema que destaco dessa coleção é "poema antinatural". Nele, a maternidade é apresentada cruamente, em sua psicologia mais difícil. O verso final "toda mãe é violência" faz eco a composições como as "Mother" de John Lennon e Roger Waters, mas com a diferença de que o traumático é dito não por um filho, mas por uma filha. De forma mais amena, porém não menos conturbada, Tamara Kamenszain em *El eco de mi madre* aproxima-se do poema de Diana Junkes em relação ao tema. Nesse livro, como num acerto de contas, Tamara retoma as dores, o descompasso de um amor repressor e competitivo. No caso de Junkes, de forma mais violenta que nos versos de Tamara, a reação da filha para com a mãe reverte-se igualmente da mãe para com a filha, em ferroadas recíprocas: "algumas vezes eu gostaria de perfurar seu corpo/ tingir minhas roupas de seu sangue e sentir (...) mas isso me tornaria pusilânime/ então conto-lhe histórias de ninar"[27]. Trata-se de uma experiência de guerra que atinge o coração do feminino, da maternidade ao erótico.

Em "amantes são soldados", ela escreve: "é no sexo que o melhor perdão acontece/ na foda que vem depois da guerra"[28].

---

24 ibidem, p. 19.
25 *asfalto*, p. 60.
26 idem.
27 ibidem, p. 85.
28 ibidem, p. 98.

O erótico é aqui resistência e coragem de quem se coloca "nua diante da cidade"[29] ("desenredo"). Por falar na cidade, esta se enrosca sensualmente no corpo da artista. É o caso de "fado", um dos poemas mais belos do livro; nele, a sensualidade reverbera num jogo em que as palavras escapam pelas ruas de Lisboa, ao longo do Tejo. Há, apesar de Diana Junkes colocar os pés, como escrevi, para fora, na calçada, certa primazia da subjetividade ao que há de objetivo no mundo, em um eu maior que o mundo, como a poeta expõe de forma espetacular: "quanto a mim perdi as/ palavras que importam/ agora mesmo/ ante o pôr-do-sol/ quando o que arde por dentro/ torna irrelevante o aquecimento global"[30]. O livro, ao mesmo tempo em que é uma avenida aberta em contato com os demais, concilia-se com os livros anteriores abrindo-se a um caminho subjetivamente rico, o que faz de *asfalto* uma obra lírica que se nutre da dureza do asfalto em formas belas: "do alto do corcovado/ o insuportável do belo/ se desenha diante de mim/ diante de tamanha hipocrisia" ("heresia")[31]. Estão aí alguns pontos dos muitos que compõem a mais recente obra dessa poeta. Apesar do horror, do rude que constitui o tema abordado, eis um livro marcado pela esperança, de quem não deixa de "celebrar o que for sim/ quando tudo poderia/ apenas ter sido/ não" ("querosene")[32].

andré luiz pinto da rocha

---

[29] ibidem, p. 100.
[30] ibidem, p. 71.
[31] ibidem, p. 73.
[32] ibidem, p.

advertência

este conjunto é inédito em livro. alguns poemas, entretanto, foram publicados em revistas e sites e destes um ou outro foi reescrito, modificado, tomando um corpo novo por exigência do conjunto que aqui se apresenta, portanto, são de um lado inéditos e, de outro, citações e rasuras de si mesmos, num gesto que desafia a originalidade da publicação, mas que me parece interessante: impedir a fixidez de um poema, instaurar pequenas variações sobre um mesmo tema. haverá estreias na vida ou na poesia? talvez tudo se resuma a ensaios e os poemas aqui não são exceção. um poema pode ter um ou muitos duplos, fantasmas, bancarrotas, amanheceres.

diana junkes

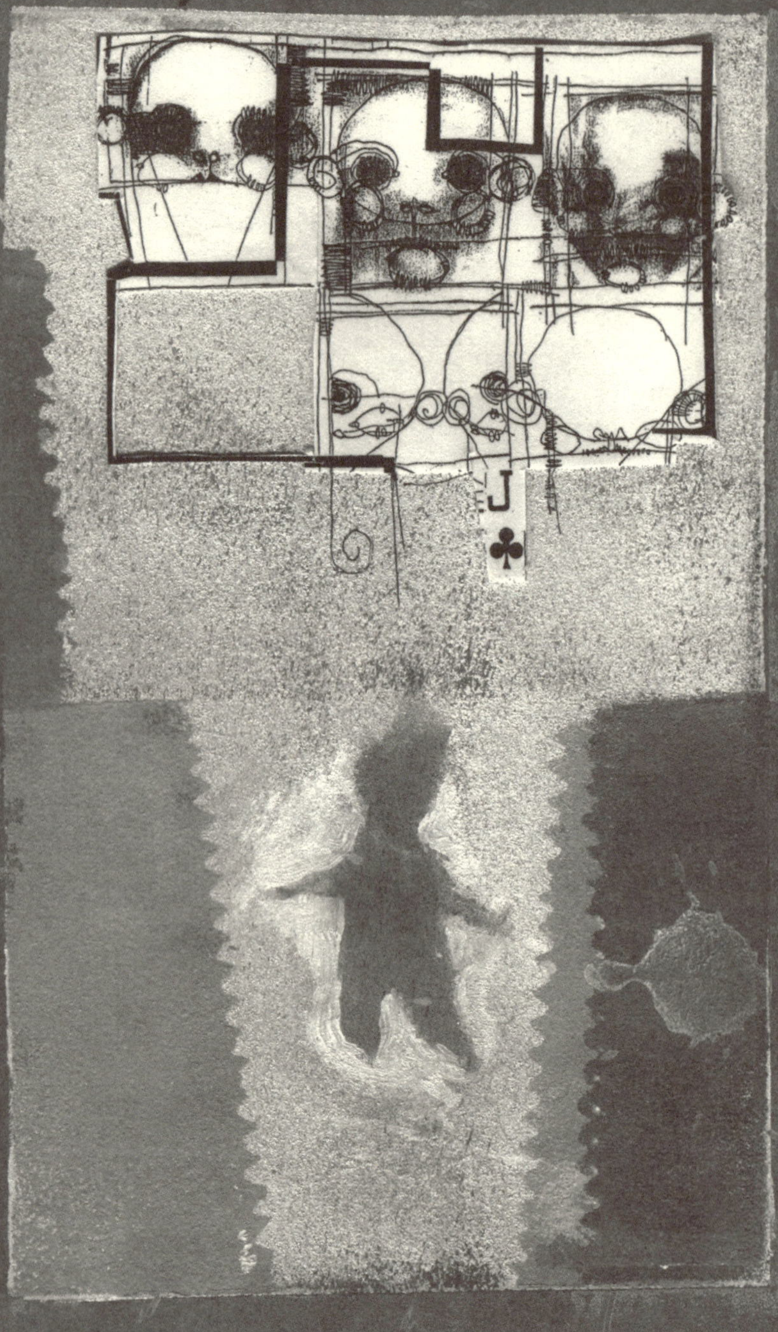
J

viadutos

portbou

nos muros sombras
talvez houvesse um último manifesto
mas à beira do cadafalso a pele das esperanças rasga
a solidariedade rasteja quando o totalitarismo avança

não: não é como o fim de uma história de amor
em que a amargura e a despedida soam como metralhadoras
e ouvindo bem são apenas os acordes de miles gemendo
blue in green antes da árida tempestade

não: estas sombras nos muros
são trapos sobre lábios inocentes
são as sepulturas antes mesmo que a morte
venha vestida de sábado

é o momento em que o filósofo entende
que o tempo das ruínas venceu
que as asas do anjo se partiram

faz seu último brinde e
embebeda-se de morfina
lendo os versos de baudelaire

pangeia

cada um parte a corrente de sua própria ilusão
os restos de ferro enrolados nas pernas
não impedem a leveza dos passos o choro estreito
algum sorriso as feridas à mostra nas sobras
nos pesadelos ou desejos abandonados

cada um parte a corrente de sua própria ilusão
mas as travessias são inúteis
não há céu não há cometas ou fronteiras
só a espaçonave de mágoas
que retorna todos os dias em
luanda
roma
damasco
lima
sampa
ou bh

ópio

deste lugar vejo um buraco na calçada
é uma calçada qualquer está em todas as cidades
diante de mim o buraco confunde-se
com a mancha de gordura no papel
que protege a toalha da mesa deste bar
aonde venho para me desfazer de mim
é um bar qualquer está em todas as esquinas
de todas as cidades
nada posso fazer para impedir
a mancha contaminando a história

e se este deus não tiver mãos
como colocar esta miséria nas mãos dele?
se for surdo cego egoísta para que pedir?
deus não fala deus é mudo
homens no altar é que falam por ele

deste lugar vejo o buraco a calçada
o papel engordurado que se cala
a ponta da toalha escondida sob ele
como as bandeiras vermelhas
que estão embaixo das camas

penso neste deus sem mãos
surdo cego egoísta
penso neste deus inútil mudo
insensível às almas alucinadas
aos decretos às pontes suicidas
aos cacos de vidro que nos enfiam
goela abaixo todos os dias

noturno

pelas janelas dos jornais de amanhã
palavras de odor desconhecido
tingem de inércia
o descontentamento
da vida

um cotidiano roto e enfraquecido
escapa às rimas pelas cortinas
entreabertos enigmas roxo-alaranjados
curvam-se em agonia velada
em pranto o pó das palavras esfacela

a onipotência das notícias é carcerária
trôpegos tanques decepam os dias
não há hora que chegue
para a urgência deste agora

pelas janelas dos jornais de amanhã
sílabas-guilhotinas silenciam
letras (em manchetes) mortas

sobre o conceito de história

um vulto recolhe
os relâmpagos
do passado

enquanto isso
anoitece em
alexanderplatz

rodas

há uma carroça
cheia de papelão molhado
impedindo o tráfego da rua augusta
sentido bairro-centro

ensopada da urina que vem do céu
a pequenina carroça estanca
as lágrimas da cidade inteira
arqueja e é indiferente ao mal-estar
que arrota sobre a rua movimentada

súbito o carroceiro desce de seu posto
ajeita a carga com paciência e afaga
o pequeno jegue que puxa a carrocinha velha
sorri um sorriso sem dentes e cheio de nãos
depois volta a seu lugar no banquinho estreito
e lentamente leva o asfalto consigo

domingo em guadalupe

> *O músico Evaldo dos Santos Rosa, morto após ter o carro atingido por ao menos 80 tiros, foi enterrado nesta quarta-feira (10) no Cemitério de Ricardo de Albuquerque, Zona Norte do Rio.*
> (O Globo, 9 de abril de 2019)

> *Morreu na manhã dessa quinta-feira (18) o catador Luciano Macedo, 27 anos, baleado por oficiais do Exército enquanto tentava prestar socorro à família do músico Evaldo Santos Rosa, cujo carro foi atingido por mais de 80 balas em frente a um quartel no bairro de Guadalupe, no Rio de Janeiro, enquanto ia com a família a um chá de bebê.*
> (Brasil de Fato, 18 de abril de 2019)

abril.
doze soldados da paz
rostos ocultos vestes verdes resguardam
o domingo em guadalupe
ninguém poderá redimir
os ouvidos as rosas as famílias o ar
dos esturros protetores dos fuzis
a justiça perfura o corpo negro
até a medula:

ossos esfacelados olhos ocos nas órbitas
acordes encarnados transbordam
a mandíbula da justiça mastiga
o fígado o pâncreas os rins
as rotas cordas do cavaquinho
com oitenta dentes dourados

naquele abril em guadalupe

sob a luz do domingo
a justiça escava
outro homem pelas costas
os dedos de cobre e chumbo
laceram a carne amordaçam
a boca que jamais beijará
o filho que ainda vai nascer

é preciso proteger a paz
em guadalupe
as rosas as famílias o ar
não podem destroçar
as penúrias do domingo

é preciso proteger a paz
a qualquer custo
em guadalupe

transporte público

a morte está em qualquer momento
sei disso porque carrego corpos
não reclamo porque não estudei
e foi o que me coube neste mundo

também não sofro não me lamento
entre o pranto e o pagamento do serviço
a distância é longa a grana é curta
mas dá para comer e pagar a luz

só me abalo quando o morto é criança
o choro dos pais a faca do desatino
a ordem inversa da vida é vil

se não é criança a carniça
para mim tanto faz

o levante do rei congo

para carlinhos ferreira

o pior roubo é o da palavra
escola parca de bancos ausentes
sequestra do menino a voz
mutila do menino a vez

o pior roubo é o da palavra
quebra a ponta tosca do lápis
joga chorume na página em branco
prestações correções juros altos
oferece livros em míseras parcelas

o pior roubo é o da palavra
corrói os aros da bicicleta
coloca ácido nas manoplas
rouba o ritmo dos pedais

"escrever não é pra você moleque
você não vai além do desabafo
contente-se com os arrotos do verbo
diploma bicicleta e poesia são pra quem pode
e você não pode você não pode você não"
sentencia o megafone do sistema

o menino então mastiga
a desigualdade que lhe toma
os dentes e lhe esvazia os cadernos
os pneus da monark cross

o menino rumina os sonhos
no peito de tambor
que nenhum grilhão amordaça
até derramar seu brado retumbante

mãos batuque liberdade
pandeiro zabumba caxixi
calimba pra costurar a vez
berimbau pra resgatar a voz
deixar soar os versos
tomar as ruas as cidades o país
asa delta pra sair do beco
utopia iluminada de luz elétrica

rei congo sobe ao palco
do alto contempla o mundo
doa a quem doer

vão

o tumor em carne viva
na pele do peito feito flor
fúcsia carnívora em desalinho
derrama-se nas praças
nas igrejas nos lares
lama em leito de rio
pistilos de pus

homens mulheres crianças
jazem sem línguas
juízes encarceram
um projeto de nação

no oco solo da cela
nenhum silêncio é vão

carta a lula

te olho luiz do meu lugar modesto
sem faixa sem palanque
ante o toque dos sinos
ah se os poemas bastassem
sabemos que não

se eu tivesse duas mãos luiz
e um sentimento do mundo

mas não tenho nada luiz
só espanto
luiz tenho medo

claustro

a cidade plasma-se
aos corpos contamina
músculos e tecidos
com seus crimes

imprime seu labirinto de cinzas
na árvore de cada pulmão
finca raízes no espaço das escápulas

esta cidade é cela
habita em nós
que não habitamos nela

dor e esterco

a miséria exposta à gangrena atrai moscas
mesmo sob o céu azul
mesmo que os camburões da madrugada
desapareçam com os habitantes das ruas

respiradores são comercializados a preços muito altos
acessíveis apenas aos homens de bem
a volúpia do evangelho se renova a cada dia

diante das valas comuns
mulheres cortam as próprias pernas
para alimentar suas filhas seus filhos

entretanto mães de santo putas poetas travestis
perambulam neste exato momento pelas esquinas
em busca de comida livros água enxadas esterco

pois adubarão os jardins
quando os dentes-de-leão regressarem

crise de versos

calhordas racistas miséria tiros subsídios
deflacionam diariamente a dignidade
poemas são produzidos em série
regurgitados na linha de montagem
seguem pelas páginas balançando o corpo estrófico
como pequeninos robôs de brinquedo
é preciso monetizar a poesia

os barcos bêbados sucumbiram
os bancos esparramam crédito
para poetas uberizados

entretanto o amor o encontro a saudade
o café na xícara vermelha da manhã
a mulher o jornaleiro a baguete
o rapaz sob a chuva em frente à torre
cães sem dono grafites
fundem-se à cidade
infensos à solidão

dentro deles
(sem que ninguém saiba)
versos ainda remuneram
o imprecificável
das línguas

milonga sentimental

para gonzalo aguilar

petit colón. lavalle y libertad
a conversa desliza entre as mesas da calçada
xícaras de chocolate croissants

diante de mim
o homem e seu livro fundem-se
vez por outra seus olhos
como se trilhassem mônadas
observam o teatro colón
depois mergulham na cidade dentro de si:
perfuratrizes cascalhos altos edifícios
fogos de artifício noites insones
adivinho-lhe as cores as ruínas
no leve movimento dos lábios enquanto lê

é um homem inquieto demais para o tango
e para este realejo que ouço ao longe
misturado à algaravia da praça
apenas um parangolé alcançaria seus sonhos
envolveria suas escamas e guelras
a concretude dos versos o cotidiano portenho
um parangolé: bordado com a alegria tímida
de samba batucado em caixinhas de fósforo

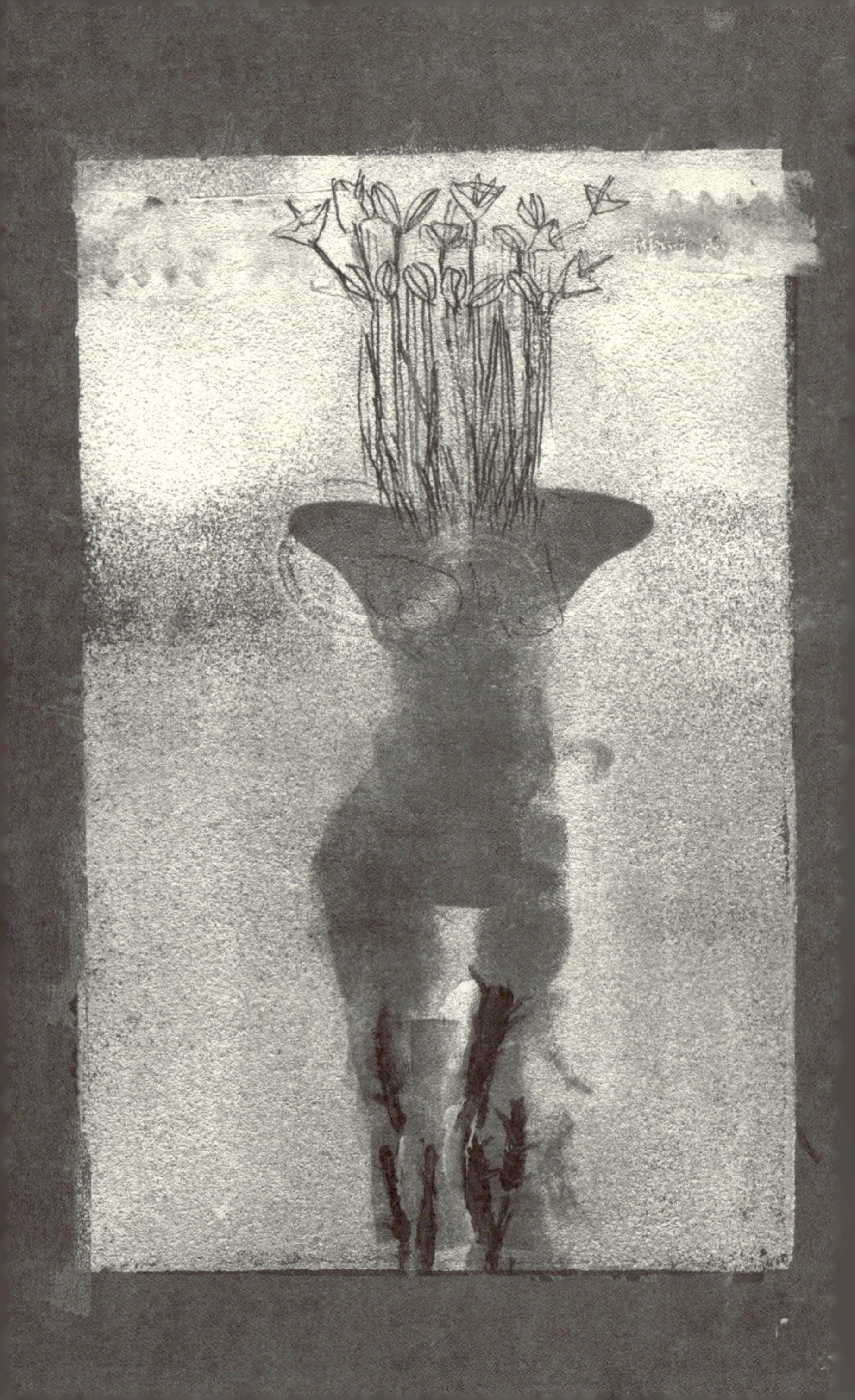

vias públicas

crime

quando um amor acaba
relata rosa ao delegado
a última coisa a morrer é o nome
aquele nome que vem à tona
a contrapelo da lápide em branco
do corpo morto antes do tempo
do amor que sofreu eutanásia

de repente o nome saltava da sua agonia
da falta de ar que antecedeu a morte
e se agarrava nos meus cabelos doutor
tentava esmagá-lo
nada era capaz de vencer o nome
lágrimas súplicas o nome dele não morria

por isso cortei meus cabelos
foi quando cheguei do trabalho
aquela dor do nome pulsando
aquela agonia da dor do nome
a falta do nome do cheiro e da voz do nome

sentia as madeixas caindo no chão
e com elas as letras os sons das letras
do nome dele meu homem
que o desabamento matou
e que o nome não deixava morrer

ontem matei o nome doutor
matei com minhas próprias mãos

terminei o serviço com a tesoura
assassinei o nome
um nome que não sabia ler
não tinha assinatura
nem carteira assinada
muito menos sobrenome

mas era o nome do meu homem
matei e enterrei
ali mesmo
junto com os cachos
nos restos do barraco

poema antinatural

feche os olhos de sua mãe
ordenou a enfermeira
complacente e sarcástica
olhei então para os olhos de minha mãe
abertos ao nada a boca aberta a morte
deslizei a mão esquerda das sobrancelhas
aos malares salientes como os meus
até aquele momento eu não havia entendido
ela agonizava eu não havia entendido
a despeito da angústia da enfermagem
do susto dos velhinhos
eu não entendia os dedos roxos
a pele fria o ar que a custo entrava
e não saía de seu peito sem mamas

guardo a memória tátil de sua pele fresca e fúnebre
a leveza dos cílios que a morfina não minguou
guardo a memória de tudo
e esse gesto não me permitiu perdoar minha mãe
da matricida que ela foi
pois toda mãe é uma matricida
seja santa ou puta ou ambas
a mãe é a grande criminosa do planeta
que o julgamento das mães seja implacável

quanto à minha
não a amo mais nem menos
pelos cadernos encapados
pelas fitas no cabelo pelas madrugadas de febre

nem a odeio mais ou menos pelo
feijão que me fez engolir à força
até a náusea profunda do medo e da dor
pelos dias de abandono inexplicável

aceito-a como um verso amargo ou flor
alguma coisa morna que por dentro brilha
sem o que não haveria esta mão que escreve ou
este umbigo matricida que derrama amor e feijão
sobre seus frutos

ré

o corredor era longo quase tão longo
quanto o esquecimento mas porque
era menor que o esquecimento
tinha ficado escrito em sua pele

ela se lembra bem: era pequena e teve medo
alguma coisa entrou em seu corpo
onde nem mesmo sabia
que o corpo existia
as reminiscências são como buracos de bala
e se mantêm abertas para que a dor
jamais cesse de se escrever

por isso enquanto envelhece
todas as noites quando chegam arrastados
os fantasmas em nuvens de chumbo
joana sente culpa por doer

ismália

> *"quis tocar o céu,*
> *mas terminou no chão"*
> emicida

> *"as asas que Deus lhe deu*
> *ruflaram de par em par"*
> alphonsus guimaraens

em pé diante da mesinha de lata
a farda ruge na calçada estreita
as botinas enormes tentam confiscar
alguma coisa que a moça
guarda às pressas na mochila

seus cabelos assustados
caracóis entre tranças e garoa
recolhem-se ela urra berra
arreganha os dentes

há pânico por todos os lados
chico fecha às pressas a porta do bar
sob o testemunho da madrugada

um ruído metálico açoita o chão
e vivo feito córrego um fio vermelho
vai ligeiro pelo meio-fio

abertos em cruz sobre o asfalto
os braços delicados esparramam-se
sobre a poça d´água iluminada

ismália dorme agora
no colo
da lua

(dentro da mochila
protegido
pulsa ainda
o livro de poemas)

doris

> *[...] só restavam
> por testemunha as
> – espólio mortiço – roupas das
> mulheres"*
> haroldo de campos

encontro tua mala perdida
entre tantas outras malas
teu nome em letras azuis
na superfície de couro castanho

procuro tua foto
entre tantas outras fotos
afixadas na parede
no vidro vejo meu próprio reflexo

farejo teu vômito na câmara de gás
dizem que são quinze minutos
insuportáveis
em que as vísceras reviram

qual das tranças expostas terá sido arrancada
de tua cabeça no dia em que um trem
te trouxe aqui
e te vestiu de pijamas listrados
e te negou comida
afeto decência orgasmos
quantos ratos rejeitaram teus mamilos podres?

sinto tuas migalhas espalhadas
pela grama encharcada sob meus pés

e ainda vive um botão do teu pijama
perdido entre as pedras

quem terá te amado pela última vez?
anna stefan mauritz katerina ou moisés disfarçado?
quem terá limpado os rastros da tua diarreia
no escuro sob o assédio do horror?

quem recolheu para sempre
tuas lágrimas tuas roupas
teu sapato vermelho na pilha morta
teus restos teu amor
doris
quem?

posse

não quero nunca
nunca mesmo
angústia
que você parta

fica mais um dia
uma noite só
por favor

com essa prece adormecia
abraçada à cadela
que cuidadosa
aquecia seu corpo

livros de farinha

> *El caracol pregunta:*
> *¿Pero qué son estrellas?*
> *Son luces que llevamos*
> *Sobre nuestra cabeza.*
> federico garcía lorca

aqui nesta cidade não muito longe da sua casa
mora uma menina num barracão de madeira
lá não tem sofá não tem cama ou geladeira
às vezes ela sente fome
tanta fome que chora a noite inteira
olha para o céu vê algumas estrelas
e pensa assim: "que gosto será que elas têm?
ia ser bom a gente comer as estrelas
deve fazer bem"

quando cansa de chorar
se levanta da cama arrumada no chão
tateia no escuro procurando a luz
mas não há luz elétrica no barracão
acende um toco de vela e a chama clara
ilumina a parede de tábuas o armário
a mãe e o irmão que também dormem no chão
enrolados um no outro para se protegerem do frio

as sombras que a vela faz são bem bonitas
a garrafa de água sobre a mesa os copos
a roupa pendurada no prego velho o guarda-chuva
ela cria com suas mãos várias formas

cachorro borboleta passarinho corneta
com os vultos na parede que o lume desenha
inventa cidades sem fome sem frio e cheias de estrelas

esta menina não tem livros mas sabe o que eles são
na escola a professora lê um colorido
cheio de figuras e palavras
queria demais um livro igual
não pode comprar nenhum
eis que numa noite tem uma ideia genial

coloca o pouco de farinha que há num pote
e ao lado dele outro pote vazio
com as mãos muda devagarzinho
a farinha de um pote para o outro
e sob a luz da vela ainda acesa
faz de conta que as páginas
do livro da professora são a farinha
que transporta de um a outro pote
imagina ali também a sua história
que vai narrando baixinho

era uma vez uma menina muito esperta
que queria comer arroz e feijão
queria ter brinquedos ir no parque de diversão
queria ter livros mas não tinha nada
só velas sombras frio fome farinha

encantada com a própria voz
transporta com as mãos a sua vida
a farinha cai de mansinho

escorre entre seus dedos
como as palavras das páginas
como um maravilhoso brinquedo

esta menina quer escrever livros
mas no barracão papel não tem
não tem lápis nem caneta nem tem cor
então ela matuta outra invenção
com a ponta de uma faca escreve nas tábuas
uma história com um final sensacional
sobre quando ela crescer e for médica ou professora
mesmo sabendo que tem gente que acha que
só criança rica pode ser doutora

aqui nesta cidade não muito longe da sua casa
mora esta menina e moram tantas outras
em barracões sem luz sem tratamento de esgoto
sem cadernos com seus livros de farinha
e suas velas sobre a mesa
agora mesmo sentem frio e têm fome de estrelas
escrevem suas histórias nas paredes de madeira

la maga

aprendeu a leveza com os despenhadeiros:

noites na poltrona da biblioteca
à espera da traição das páginas ou
dos amantes assassinos que viriam da floresta

então do verde esfarrapado
entre a ira e a complacência
arrancou com as unhas a festa dos anos
peixes samurais espadas cogumelos
montmartre
a continuidade dos parques

e contra a incontornável partida
içou de novo as pálpebras
para despertar a língua
de seu sonho de mescalina

guerrilha

há um corpo morto no fundo da casa
de nadia thamar
apodrece mas não perece
a carne feita de livros violão
uma boneca de pano
atrai as baratas mas o espectro resiste
aos mais famintos vermes

à noite ele vaga e geme
ela não pode se desfazer da fantasia macabra

há outros muitos corpos pela rua
almas penadas vagando
sob máscaras puídas valas lágrimas

não há espaço para este morto torto
imperecível a não ser no fundo
escuro pútrido alagado
da casa de nadia thamar

ela hesita em soprar-lhe ar de seus pulmões
rogando-lhe que ressuscite
(a piedade dos que temem é lancinante)
a madrugada estende-se numa espécie de letargia
nadia thamar permanece aterrorizada sob os lençóis
lavada de urina e medo

ouve passos no quintal
ele vem deslocando-se frio e feroz

entra no quarto deita-se sobre ela
enfia-se pela vagina
sente-o arranhar as trompas o útero
esmagar com mãos invisíveis os ovários
enquanto sobe implacável
queimando vísceras mastigando
com dentes banhados em nicotina
o que lhe aparece pela frente
o coração da mulher faz silêncio
esconde-se do ataque

de repente ela o surpreende
entre as cordas vocálicas
que enforcam o espectro
com a mesma ira
que dele aprendera

ele se desfaz dentro dela
em estilhaços que vão reparar
seus tecidos órgãos nervos
os espelhos e
feito vacina
tornarão imunes
a memória das células

(pelas mulheres vítimas de violência invisibilizadas
e silenciadas por seus companheiros durante a
pandemia da COVID-19)

viña del mar

uma concha
clausura
escuridão

uma concha
dizer-se ou deixar falar
as pérolas que nasceriam
hipóteses à beira-mar

uma concha
protege-se concha
morre concha
sem dizer nada

um dia abrem à força
a casa barroca
soterram depois
a fragilidade
dos devaneios
num jarro de vidro

maria

o grito dói bem mais que os hematomas
se ele batesse acabava mais rápido
o grito ecoa do grito nasce outro grito

o sexo é bom ele tão carinhoso
amante generoso dormiam abraçados e não
deixava faltar nada em casa sobrava pão sobrava
berro palavrão porra feijão sobrava cachaça
tempestade em corpo de água ardente
fel também sobrava

o grito dói bem mais que os hematomas
se ele batesse acabava mais rápido
o grito ecoa do grito nasce outro grito

um dia ela vendeu a enceradeira
companheira desnecessária
quando falta o chão
recebeu o dinheiro fez uma trouxa
pegou um ônibus velho
meteu o filho pequeno dentro
foram para muito longe

o grito dói bem mais que os hematomas
se ele batesse acabava mais rápido
o grito ecoa do grito nasce outro grito

ouviu dizer que ele agora grita
com um casaco de lã

que não tem corpo que não
tem rosto que não tem voz
mas era dela e dela ele não pode
se separar

o grito dói bem mais que os hematomas
a distância da dor
é o grito

roseli e andréia[2]

primeiro aviso
jantaram
olharam-se muito
falaram pouco
uma tocou a mão da outra
experimentaram afetos
levantaram-se ritualmente

segundo aviso
de mãos dadas caminharam até o fogão
abriram as quatro bocas
recolheram os pratos
as taças a garrafa vazia do vinho
o amor faria o último espetáculo

terceiro aviso
no escuro deitaram-se abraçadas
sobre o tampo da mesa
nada delas escaparia à lembrança
quando abrissem as cortinas

acalanto para o filho que não vingou

filho
seu corpo
expulso
memória
entre fendas
num vale
de nãos

o quarto desfeito
o nome que pulsa
do ventre vazio

saiba filho
se eu falasse
todas as línguas
se soassem
da minha garganta
todos os sons
vibrando no ar
entre os edifícios

se minha voz
alcançasse
as nuvens
e te aquecesse
e te abraçasse
não alcançaria
teu abismo
aquilo que
já era ausente

saiba filho
pulsa tanto
amor
antes e depois
da palavra
no tempo
nas asas
do vento
amor indizível
filho
mesmo quando
não se diz
amor

luz que paira
entre as horas
quando encharcada
de frio
o sol me
consola

pietá

se eu acreditasse pediria
para nossa senhora dos anjos
para que nunca faltasse água
a esta mulher e seu pequeno filho
sentados no chão à porta da capela

tantos anjos lá dentro não vêm
a criança adormecida no colo
tanta água na pia batismal e
os braços estendidos da mulher
pedem paz para a sua sede

nossa senhora não pode atendê-la
está ocupada muito ocupada

entrego uma garrafa d'água
à jovem que me olha
com sarcasmo e gratidão
(mais sarcasmo que gratidão
embora tenha sede)

sim: aquela mãe me olha
e agradece a nossa senhora dos anjos
a quem não pode detestar
pelas gotas de água
que meu ateísmo lhe oferta
diante do altar que a rua dispõe

ao meio-dia quando nada é sombra

na rue de vaugirard
enquanto minha culpa insepulta
esconde-se como um rato

sem pão sem rosas[3]

lá embaixo na vinte e três de maio
as lanternas marcham lentamente
sob a tempestade que mistura cascalho e anseios
ao movimento lento dos carros

as operárias vermelhas se deslocam
na cadência dos limpadores de para-brisa
constantes perenes

a jornada inevitavelmente findará
exaustas de água e tráfego as pequenas operárias
encontrarão cada uma sua vaga de garagem
escura úmida

(e estas lanternas vermelhas que iluminam as ausências
serão apenas corpos frios à espera do vazio)

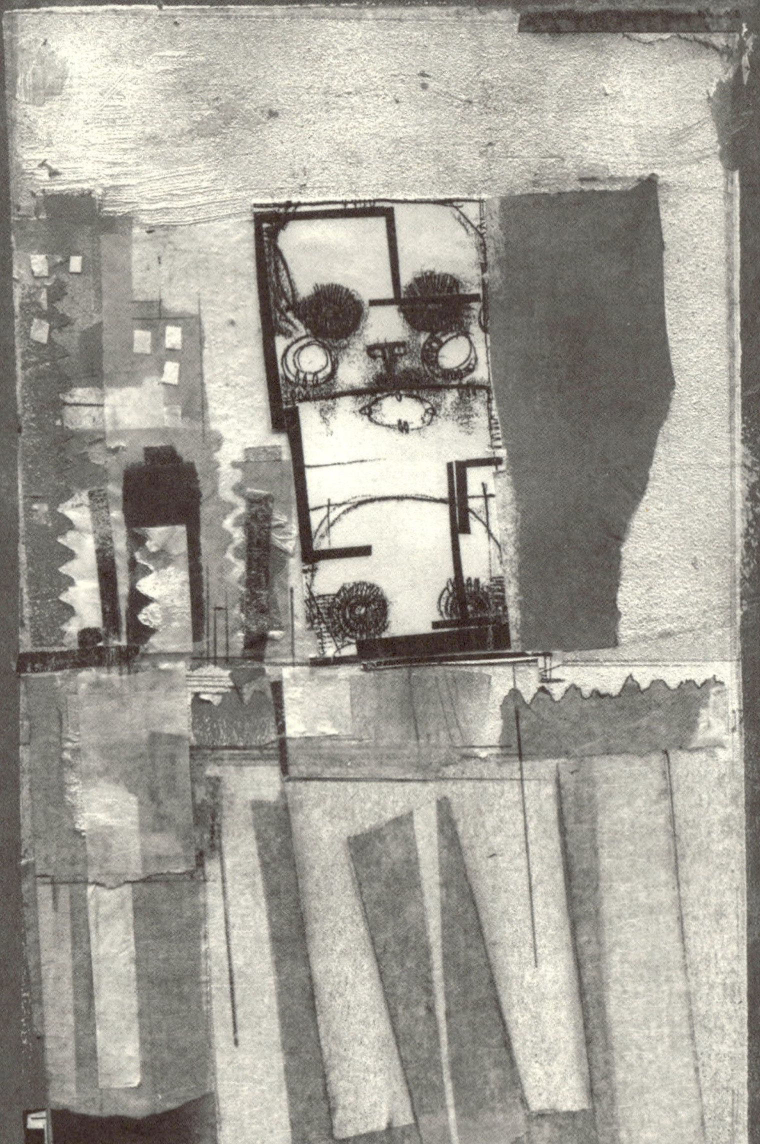

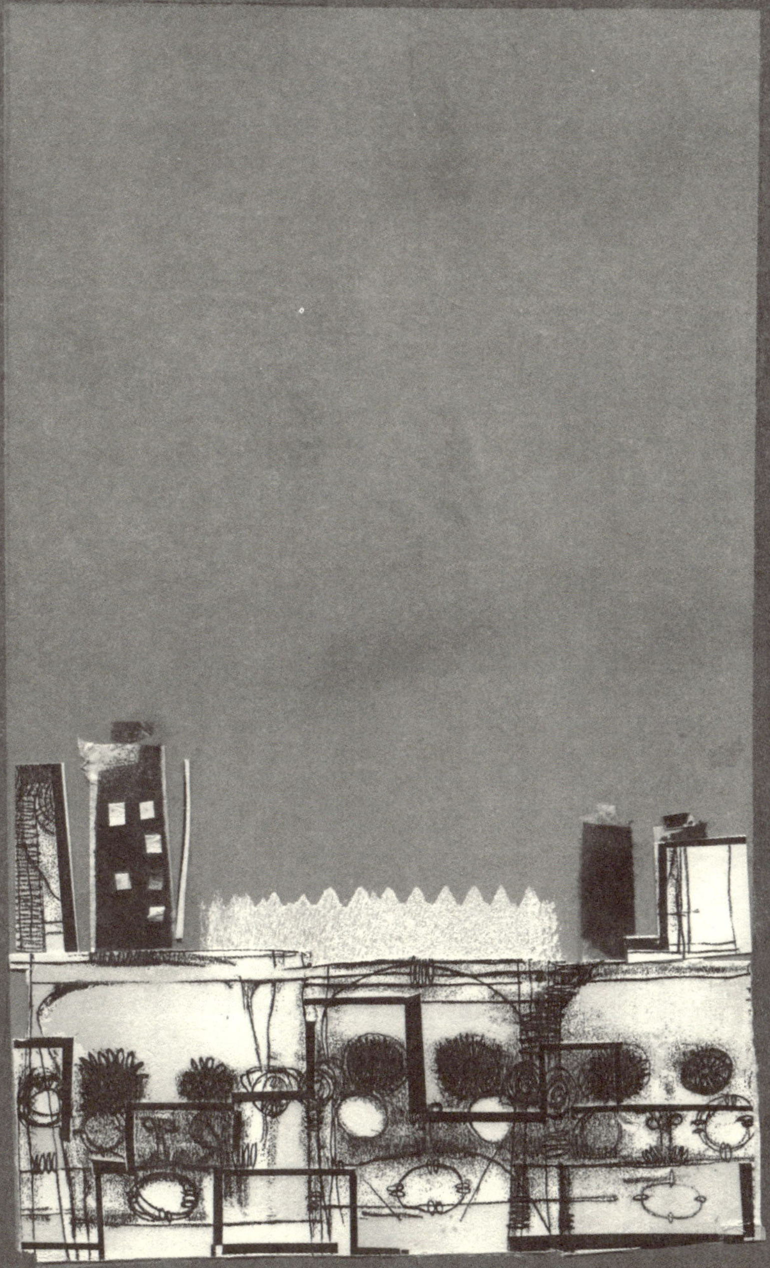

galerias

fado

para marco dias

o vagão está lotado
e o rapaz segura as palavras
entre os dedos
acaba de regatá-las
de uma banca
à beira do tejo

encontradas as palavras
terão olhos mãos e
por que não?
terão lar conflitos familiares
suor de fim de dia
e escaparão
a essa amargura
insuportável

quanto a mim perdi
há tanto tempo
as palavras que importam
no fundo do rio lá fora
ou de qualquer outro
os rios nunca se repetem

quanto a mim perdi as
palavras que importam
agora mesmo
ante o pôr-do-sol
quando arde por dentro
o aquecimento global

e tudo se desfaz
na neblina de lisboa
entre rostos multicoloridos
nas páginas dos dicionários
nas vozes flutuantes das fadistas
nos pequenos desvios da vida

heresia

do alto do corcovado
o insuportável do belo
se desenha diante de mim
diante de tamanha hipocrisia
eu desisto de escrever um poema

o insuportável do belo
aniquila minhas palavras
uma larva-seiva de linguagem
agoniza e mal preenche
o insalubre e necessário
gosto verde-neblina

neblina verde-farta que
estancaria a fome
da baía da guanabara
da página ausente

lona e areia

quem parte à meia-noite
precisa abrir por si a porta
sentir o aço da chave
no hálito das mãos
o grotesco da maçaneta
agredindo a pele
a eutanásia do amor
ou o oco do hall
dá na mesma

quem parte à meia-noite
precisa tomar o último ônibus
onde ingressará de casaco e boina
sem os óculos esquecidos
sob os lençóis ou sobre a pia
levando na mochila
a lua as roupas do avesso
a fronha velha os chinelos

por aqui aquela agonia se desfaz
nos enormes sapatos de palhaço
no rastro deste resto de cerol
que sinto nas cordas vocálicas
quando vou dizer seu nome mas
qual era mesmo o seu nome?

nênia para nina

> *I sit in my chair*
> *Filled with despair*
> *Nobody could be so sad*
> *With gloom ev'rywhere*
> *I sit and I stare*
> *I know that I'll soon go mad*
> ("In my solitude")[4]

esta mulher que agora toca piano
na union station
perturba sem saber
a tristeza dos vagões
esta imensa gaveta revirada

olho-a nos olhos e ela me diz
descansando as mãos sobre os joelhos:
eu me chamo nina
o nome ecoa pela estação
mas os nomes não fazem sentido algum
diante dos ponteiros
do tumor que corrói o ar por dentro
do abraço de encontro e despedida
que eu poderia ter dado em nina

e que talvez evitasse
que os acordes mergulhassem
um a um da faixa amarela
nas entranhas da plataforma

a galinha

no chão vejo a cabeça amputada
do pequeno corpo
tarde demais para salvar
a fragilidade da queda abrupta

pescoço e cabeça desconexos
não sustentam o que
um dia e tantas noites
chamei de poema ou de amor
não importa

a delicadeza das asas
com pequenas florezinhas
moeu-se antes mesmo
de alcançar os tacos

cola cuidados e esse choro
que atravessa em segredo as cicatrizes
não restituem
as páginas em branco
o que foi galinha
o que me tornei

exílio

as pessoas e seus pés atônitos
massacram as calçadas
vagam apressadas e órfãs
pelas urbanas servidões de passagens
em pretos e brancos de mosaico português

pisam as camas dos moradores de rua
pisam os buracos antigos jamais fechados
pisam o mijo das sarjetas
pisam o homem que toca saxofone
pisam elas mesmas

indiferentes a mim que fotografo
seus escombros em pretos e brancos atônitos
de mosaico português

babel

para prisca agustoni

o garçom que ali serve talvez fosse médico
engenheiro um artista um sonhador um perdedor
agora equilibra os pratos a sorte ou a morte
numa língua desconhecida (minha língua)

há poemas agarrados às paredes
eu suponho que são poemas
ao notar as formas inscritas
sinto transbordar os fonemas
que não identifico
não compreendo as letras
da desconhecida língua do garçom

ele então aponta um verso
eu suponho que seja um verso
minhas mãos tocam a superfície branca
onde a escrita entranhou suas cicatrizes
as mãos do garçom cobrem as minhas
sepultamos milênios de história
para erguer das mortalhas na parede
uma torre invisível que alcance o céu

peacewindow

para leda tfouni

amarelos e vermelhos são raros quase artificiais
há tanta permanência nos bombardeios
nas almas em pânico
nas pombas brancas esquartejadas
na metade guerra do painel de portinari

há permanência até mesmo no vento
no fluxo das marés na linguagem
não mudam as aldeias e as ordenhas
o casal sobrevoando a cidade
os violinistas das telas oníricas
as nações nunca serão unidas

o azul de chagall no vitral
que filtra o sol
desiste

eu insisto

gênova

lanço-me ao mar e digo adeus a mim mesma
insisto comigo que partir é garantir a permanência
do que é latência

garantir ao que restou de mim em mim
que sobreviva à minha dissolução
garantir que as esperas não desabrochem
para que sejam sempre espera
só promessa nunca raiz

deixar-me seguir para não atravessar
meu próprio caminho
preservá-lo protegê-lo das trincheiras

a âncora está suspensa mas eu permaneço
sem olhar para trás ou para frente
com a sensação pungente
de que só me restam
as suturas

farewell com citações

> *"De tudo ficou um pouco*
> *Do meu medo. Do teu asco".*
> carlos drummond de andrade

tem um resto da sua letra num papel de padaria
é um telefone antigo pelo prefixo pinheiros ou butantã
o bom neruda que você nunca leu mesmo apesar da minha
                                                [dedicatória
e um cartão de aniversário escondido dentro de um livro

tem um pouco de você no filho na filha
esta obsessão racional, este *ceteris paribus*
a teimosia ou determinação
o ponto de vista cria o objeto
diria saussure
mas você nunca saberá quem foi saussure

tem um pouco de você no livro de receitas
e nesses ridículos manuais de economia
que dinheiro posto fora meu deus
tudo isso e estarei morta a longo prazo

tem um pouco de você no tecido do sofá
que não caberá no apartamento novo
e em cada vinil que teimosamente trouxe comigo
tem um pouco de você na mesa de centro
pesada e de cimento que nunca cede: nunca

tem um pouco de você numa rolha antiga
datada e assinada, mas não sei o que comemorávamos
provavelmente só a vida, pra quê mais?
tem um pouco de você em cada gole de cachaça
e no reflexo do porta-retratos

tem um pouco de você em cada quadro
que me olha e me contempla
que me olha e me condena
que me olha e não diz nada

somos só um retrato na parede
não sei por que você se foi (ou fui eu)?
ya no se encantarán mis ojos en tus ojos,
ya no se endulzará junto a ti mi dolor
quando surge o alviverde imponente

tem muito de você na minha história
a vida segue
com olhos verdes
ressaca

pranto para a mulher que já não há
[com direito a asas]

choro a morte iminente
desta outra que dentro de mim
ainda agoniza

seu corpo pesa e mal
consigo carregá-lo
meu peito arfa
dentro da forma moribunda
apodrecem as culpas

em alguns dias precisarei passar
cânfora na pele para encobrir
 o cheiro do cadáver que sucumbirá
dentro de mim

eu matei esta mulher
era ela ou este par de asas enormes
que agora saem dolorosamente
pelas minhas escápulas

a mulher agoniza
agarra-se a mim por dentro
gruda as mãos nas vértebras
aperta o baço o pâncreas
a dor é intestina

bem aqui ela se agarra a mim
arrisca a última dança
ao som dos meus dedos sobre as teclas

na tela clara vejo a sombra das asas
o voo está próximo

a ternura dos ímpios

sinto sua presença
seu cheiro de crisântemos sob a garoa
percebo quando envolve toda a sala
os móveis arquejam
a respiração das paredes suspende-se
tento não me ocupar de sua presença
para que não assuma a importância de rival

algumas vezes eu gostaria de perfurar seu corpo
tingir minhas roupas de seu sangue morno e sentir
um imenso prazer penetrar a palma das minhas mãos
mas isso me tornaria pusilânime então
conto-lhe histórias de ninar
lemos meus poemas favoritos
aqueles que seu ímpeto não dilacerou

seus olhos se apagam suavemente
ao som das aliterações e assonâncias
as paredes voltam a respirar o sofá suspira
cadeiras mesa quadros choram baixinho de alívio

o ódio quando adormece
é quase
inofensivo

jardin du luxembourg

é outono e estamos aqui
frente a frente depois de tantos invernos
ou verões falsamente quentes
apresentamos as armas diante das flores

seu corpo ágil e vigoroso
minha cabeça pensante
os pés descalços
os arcos cansados
as almas que pulsam
no mito ou nas ruas
o amor a brisa

o nome nos condena
às caçadas infinitas
você nos bosques
eu nas bibliotecas
labirintos encantados
sem portas ou janelas
trancadas em nós
mais livres que todas

duas estátuas cumprindo
sua sina de pedra e paz
caminhemos enfim
pela estrada de pétalas

fellini

deitado em minha rede
observo a moça através da janela
escreve sistematicamente
lê e fala ao telefone
muitas vezes procura os óculos
tateando a solidão como alguém
que só a pode saber pelas mãos
tem uma escrivaninha repleta
de lápis fotos papéis

vejo-a de tão perto
que sequer binóculo é necessário
gosta de tomar vinho aos sábados
sentada na varanda
recolhe a cidade iluminada
através da taça
(acho que ouve música
porque dança sozinha
no meio da sala)

é comum eu adormecer
olhando a moça:
quando dou por mim
a manhã vai alta
e a vejo então
na varanda da noite anterior
sentada na poltrona azul
com uma xícara vermelha
entre os dedos
a cidade vasta e barulhenta
a seus pés

ela chora muitas vezes
daqui vejo-a chorar
cobre o rosto com as mãos
os ombros balançam
para cima e para baixo
parece uma menina
numa gangorra
de onde não pode saltar
em seguida sorri
afaga um cão ou uma cadela
que pega no colo
que lhe abana o rabo
lambe seu rosto

de onde a vejo
meu olhar recorta
estantes de livros
quadros coloridos
às vezes ela anda nua pela casa
como se nunca se tivesse vestido
sem saber que estou atento
aos seus movimentos

nessas horas a manhã subitamente
a ilumina e imagino daqui
de minha janela tão próxima
que ela se povoa de alguma coisa morna
procurando suas razões
pagando contas

querosene

tirar o verniz das portas
da pele do íntimo
aceitar os rótulos
com a coragem incendiária
da fome

guardar em caixas
o roteiro do curta
que um dia talvez
perda posse assentamento

celebrar o que foi sim
quando tudo poderia
apenas ter sido
não

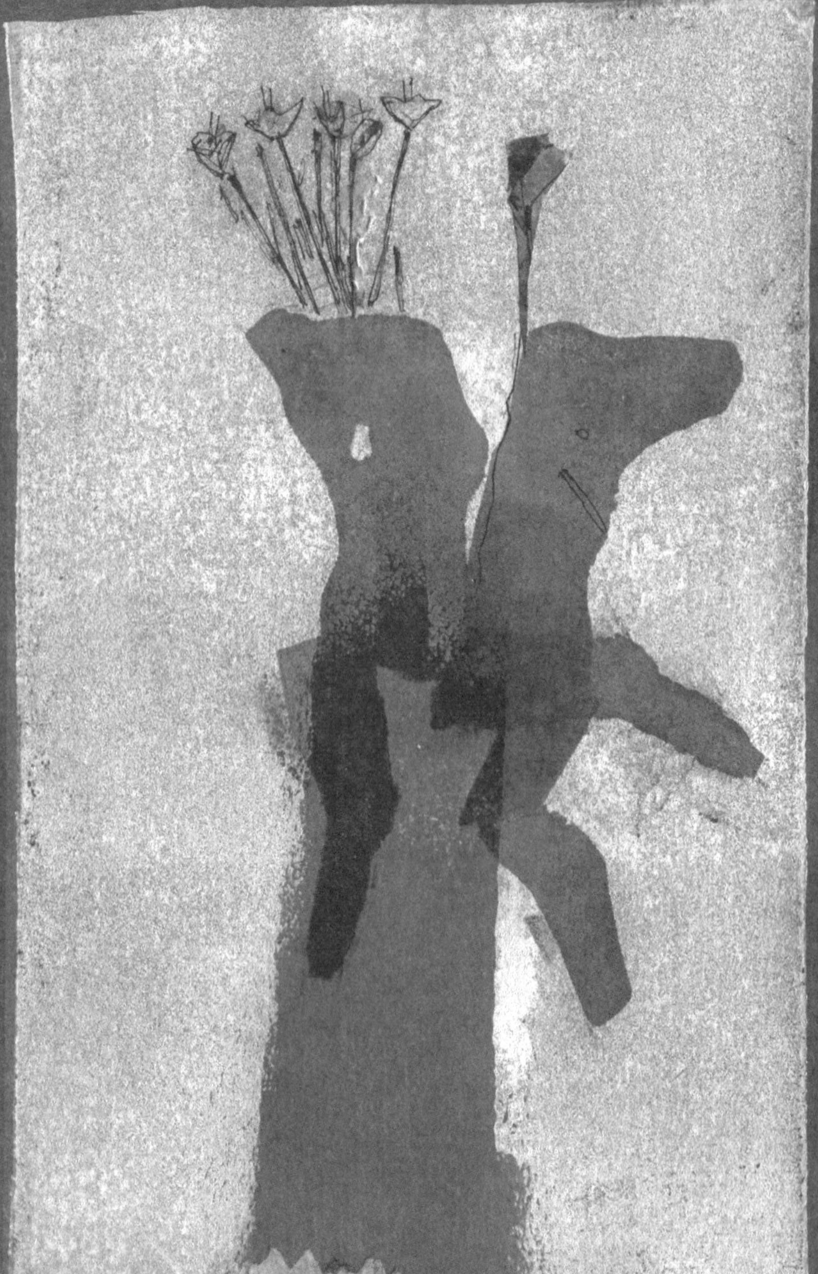

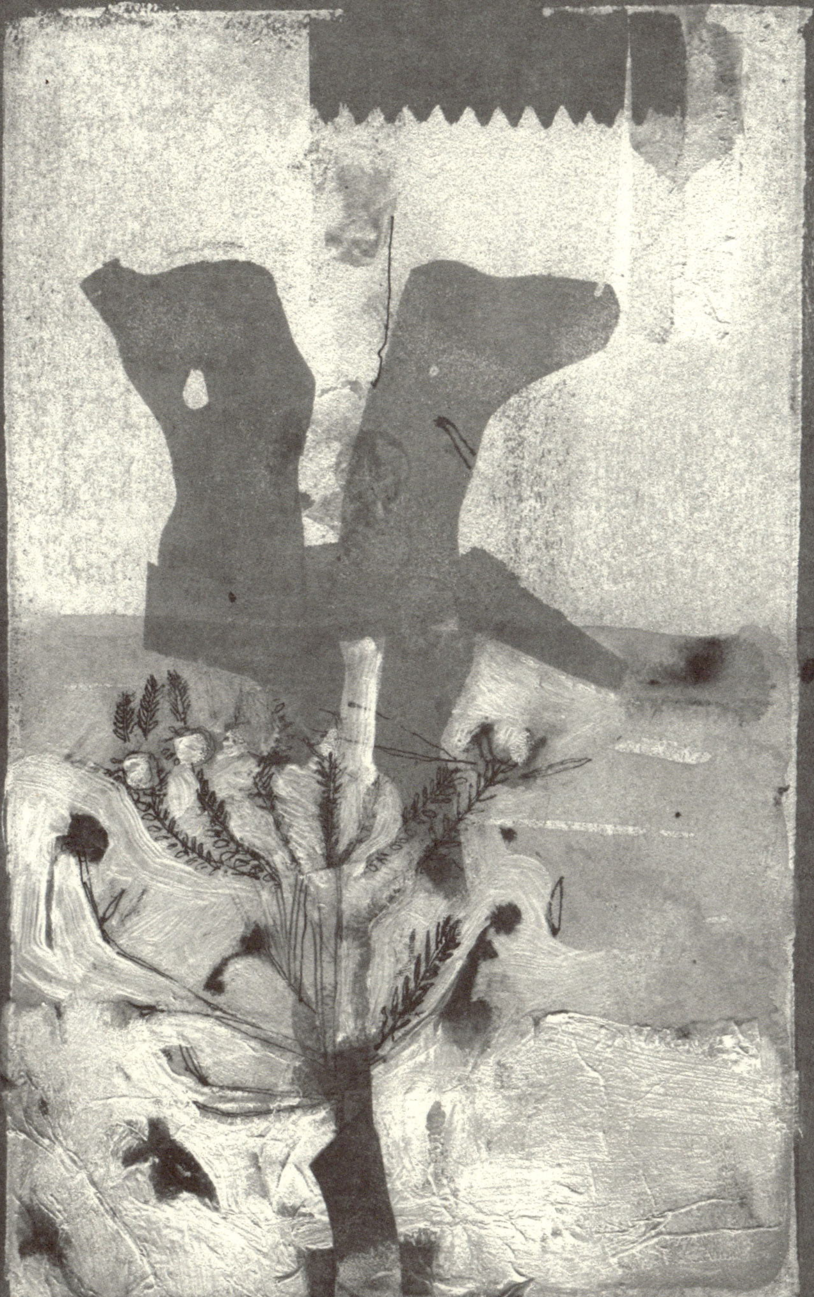

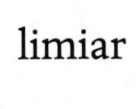

limiar

transgressão

o amor acontece nas marginais que circundam
o perímetro urbano nas pontes complexos viários
esparrama-se no arrastado uivo dos caminhões de lixo
nas portas que batem no apartamento de cima
dilui os sussurros da cidade encantada
no verde-vermelho de cada semáforo

dois anônimos se amam no acostamento
lavrando piche cascalho betume
como se de terra fosse feito o asfalto
como se do asfalto se alimentassem
os poemas que nunca serão escritos

o amor acontece nas marginais que circundam
o perímetro dos afetos e das despedidas
banhando-se no chorume que escorre pelo acostamento
seu fígado tomado de remorsos
refaz a *hybris* de viver todas as noites

o amor e seus trilhos

> *era uma vez um contador de histórias*
> *e uma escriba de mãos menores que a chuva*
> *que inventava escutas*
> *um dia se encontraram e um tomou para si*
> *as palavras do outro,*
> *os ecos sob os cacos dos espelhos*
> [anônimo]

era tarde quente onde mora o sol
atracados os irmãos brigam
numa explosão o pequeno tomado de ira
e sem saber para onde atirá-la
toma de chofre a coleção de botões
joga-a no meio da rua e ficam os craques de bola ali
estirados no asfalto sob o calor escaldante
sem gramado sem bola sem os gritos da torcida
sem a sombra das parreiras

o pequeno amava suas seleções coloridas
embora nunca tenha aprendido o amor: amava
e ainda assim (ou por isso mesmo porque as amasse tanto)
disparou-as feito mísseis no fronte
as bochechas vermelhas as mãos trêmulas
os olhos em lágrimas
algumas de raiva outras já velavam
os corpos-botões dos ídolos fadados às rodas dos carros

o pai em silêncio tudo observa e ordena
que vá buscar os botões para além das trincheiras da casa
que se curve e apanhe bem ali do meio da rua

cada um dos círculos queridos que ele atirou à morte
os jogadores voltaram à caixa de papelão
assustados e arranhados mas
prontos para o próximo torneio

nem sempre é fácil dizer o amor
afinal não se sabe se ao dizer o amor
não se está desperdiçando seu significado
pelas gotículas de saliva e pela voz
dizer o amor pode dissipá-lo no ar
desdizer o amor é guardá-lo acolhê-lo

assim pensava o homem dos trens dia após dia
entre engrenagens e ponteiros de relógio

naquele dia há tanto tempo
o amor se ofereceu
ao pequeno de cachos e óculos
que no entanto não o percebeu

protegidos pelas engrenagens e ponteiros
o menino e seus botões seguiram seus trilhos
seus entroncamentos sem amor
levando na caixa de guardados
o sol um esquecido apito de trem
o perfume das laranjas

o que é a poesia

o jasmineiro deu sua primeira flor
foi encontrada no chão perfumada ainda
embora tivesse as pequeninas folhas murchas pelo calor
na casa as temperaturas eram altíssimas
a geladeira degelava tudo fervilhava
era impossível tomar banho
beber água
as horas tórridas não venciam as ferventes discussões
(talvez seja impossível amar quando se está entre caldeiras
as palavras entram em coma em meio às chamas do passado
das prestações vencidas da falta de horizontes dos poemas
                                        [esquecidos
do mamão apodrecido na fruteira sob o ataque dos
                                        [mosquitinhos
nem mesmo os incensos sobrevivem)

quando parecia não haver mais saída
ele apegou-se às mangueiras aos extintores
decidiu pedir ajuda e de repente seu francisco
estava ali no meio da cozinha ouvindo atento
o depoimento do homem que suava dúvidas
versos por dizer aflito no país desfeito
seu francisco foi até o registro de água na parede
as palmas calejadas tocaram a superfície da torneira
aquecida pelas altas temperaturas ou pela desesperança
como se tivesse encontrado a carta roubada de poe
sobre a lareira
sorriu:
"é a água fria meu filho está fechada sufocada

alguém arroxou a frieza da água"

ele sabia que a água fria quando faz volume
impede que a lava das mágoas
mine as nascentes do desejo
seu francisco também sabia
por isso nem cobrou pelo serviço
apenas espalhou boa sorte

horas depois debaixo do chuveiro
a poesia era de novo
como a curva dos anos em seu rigor
inescapável e barroco

vieram outras flores
para anunciar o cheiro do jasmineiro

amantes são soldados

é no sexo que o melhor perdão acontece
na foda que vem depois da guerra
há sempre um resto de raiva um resto
de mágoa um naco de dor

mas no canto da cozinha
nos passos afoitos pelo corredor
na cama trincheira
os corpos em batalha ardente
depõem as palavras letais

é devastadora a ternura do olhar
o perfume dos pelos invadindo
as palmas das mãos as linhas

os soldados urram
é preciso fechar as janelas
os soldados sussurram
se abraçam com urgência
a bandeira branca dos orgasmos
é infinita

são tantas as lutas que virão
o mundo anda à beira do abismo
a cidade distante
domingo tem samba sarau futebol

nada disso importa agora
meu bem
vem
vamos colocar fogo em tudo

desenredo

miro-me na superfície branca
estou nua diante do papel

o balé do lápis sobre a folha
inscreve sinuosos movimentos
em busca das mônadas
estou nua diante do papel

o sussurro ritmado do grafite
canta no corpo de cada linha
despenha enjambements atravessa
o vento o frio das frestas a casa
estou nua diante do papel

daqui desta superfície feminina de celulose
amanheço fonemas sinais de trânsito
estou nua diante da cidade

não há volta: minha nudez é irremediável
nenhum poema pode me vestir de auroras
só me sei entre as luminárias do ocaso

depois do ocaso da almada

depois do ocaso da almada
os dedos trêmulos da noite escura
derramarão sombras pelo rio pelas margens
abotoar as memórias os sapatos os vestidos
apesar de urgente será impossível

completamente nua ante o inescapável
solitária no corpo vinhático da canoa
colherei as borboletas que semeei no útero
nas horas distraídas em que não fugi de mim:
viverei

nesta noite eu ainda estarei à tua espera
quando do ocaso
os teus pés alados te trouxerem
completamente nu ante o inescapável

e te amarei entre acordes no corpo da canoa
além das margens do sexo dos sentidos
com o erotismo devasso do pensamento
criarão raízes os líquens os musgos
e dançarão com as borboletas a nossa música

então o escuro dará à luz magentas
os remos os rumos serão desnecessários
será nosso enfim o rio:
viveremos

limiar

sol que a língua escreve sal
pele contra pele sobre a pele
poros pelos brisa leve

rútilo infinito dos corpos
gritos abismos mãos
dança-encanto ao som de um blues
olhos que se roçam pernas
madrigal em brasa
quadris ocos palavras

zênite

roteiros entre lençóis
até que o tempo inunda o ar
o inusitado de nuvens

e então exaustas as sílabas arrefecem
do amor que os braços enlaçaram
noite adentro:

felina delicadeza de lumes

ahab e a baleia

quem sabe numa noite qualquer
o silêncio das rimas
o silício da tela
a inaudível sereia de kafka
a última odisseia
o fim da estrada
as tantas pontas
as velas e as bússolas
os becos entre saídas
naveguem poemas de amor

nossos corpos flutuando
nenhum arpão
mais nada

creced y multiplicaos[5]

nossos corpos enlaçados já não
são mais pedra bronze pausa
nesta sala oca sob os olhos dos mortos
feito onda e barco
sobrepostas formas leves
encharcados de sal e água

sinto teu peito contra as minhas costas
teus lábios meu pescoço
me ofereço
à força dos remos
à quilha que singra

vigoroso navegas
tua espuma: verbo entre minhas pernas

croquis

procuro teu rosto no caderno de notas
entre cálculos e anotações
entre traços listas de mercado
e números de chamada de livros
tento encontrar nas páginas soltas
a curva firme do queixo teus lábios
as narinas que no amor se expandem
o trajeto das linhas das tuas mãos
os olhos rasgados que mudam de cor
e roçam meu pensamento
eterno crepúsculo à deriva

alexandria

gostaria que morássemos aqui
um tempo
nesta biblioteca imensa
suspensos nas estantes
numa cama de livros
tanto tempo quanto fosse preciso
para o espaço que os versos reivindicam
finalmente corresse em nossas veias
se isso seria amor não sei
é possível que sim

se morássemos aqui
eu nem adormeceria
nunca sentiria sono não abandonaria
você no sofá lendo moby dick
e nem saltaria cedo da cama
enquanto você se refaz
unindo no sono ahab à baleia

ficaríamos olhando as palavras
que são estrelas como disse
padre vieira naquele sermão lindo
noites e noites olhando as palavras
as estrelas e nas madrugadas quentes
dançaríamos nus diante da porta central
transaríamos entre as estantes
como os insetos
que copulam a todo instante
intransitivamente

e então meu amor entre as páginas
envelheceríamos a salvo do mundo lá fora
borrando as letras de saliva e sêmen

e se essa nossa história
um dia se tornasse poema
e ultrapassasse as estantes
e se derramasse chuva no asfalto
molhando a vida dos transeuntes
jamais saberíamos

antipraia do caju

este prazer do domingo não o consigo assim
esquecida dos dias no calor azulado da tarde paulistana
este prazer não me pertence não pode pertencer a mim
ou aos que como eu meditam sobre o mundo modorrento

esta felicidade que você me ensina no domingo não a consigo
e a alegria que você pensa ver em mim é apenas a casca fina
                                                      [clara delicada
que esconde a gema amarela carregada da esperança que às
                                                          [vezes viceja
para alimentar o chorume dos dias outras vezes choca antes
                                                                [do tempo e
pútrida contamina o que está ao redor

talvez eu quisesse passar o resto dos meus domingos ao seu
                                                                     [lado
como seria tênue e lácteo o domingo de afluentes e correnteza
se eu passasse o resto dos meus domingos ao seu lado
mas nunca se sabe este pode ser o último
posso morrer amanhã de "susto de bala ou vício"

talvez eu o deixe num domingo
em silêncio sem acusá-lo do amor que já não houver
irei sem gritos sem dizer palavra alguma que ofenda o que
                                                                   [você é para mim
neste sofá neste instante de meu insuportável lirismo
meu lirismo excessivo ruim canhestro de domingo
talvez este lirismo um dia arrebate você além dos versos

e então num domingo você pedirá que eu vá embora
entre os gatos e a voz do ferreira gullar na vitrola eu partirei
                                                        [serena
não quebrarei vidraças não me embebedarei
olharei com ternura os seus olhos rasgados
fecharei devagar a maçaneta para que a suavidade das folhas
                                        [da madeira da porta
(esta que um dia você abriu para eu entrar em sua vida)
retenha tudo que foi macio e tépido

toda a nossa história secará por dentro dos seus livros
entre os seus discos de blues no murmúrio do bob dylan que
                                                [ecoa na vitrola
as bordas da anti-história do antitempo das des-horas
nossa mudez nossa dança louca pueril ante as janelas
e o aplauso da tarde morna sob os lençóis

talvez eu quisesse mesmo passar o resto
dos meus domingos a seu lado
talvez você não me mandasse embora
tampouco eu quereria ver você partir
por qualquer razão que ainda não sabemos sequer supor
não sabemos de nada de absolutamente nada
a não ser que lá fora chove

por isso me abrace pois o amor deste entardecer
é o único com que hoje podemos arar
o vulto das coisas mais pequenas
a sina que ceifa do quarto tomado de aromas
o suor dos que estão vivos e latejam

istmo

vasculho tudo que em você
é ruído e desordem
da tua voz pressinto forjas
escondidas nas fendas da fachada caiada
pelas ilusões desperdiçadas
nas ruelas mortas

colho a ferro
aquilo que te dói e te define
eu: mulher e espanto
diante dos teus avessos

saint-rémy-de-provence[6]

é noite e um casal caminha
de braços dados no canto da tela
misturado às pinceladas
confundido com a paisagem

o que poderíamos ser
do lado de fora da tela
além das pinceladas de um canto de vida
além da caminhada que resiste
sob o manto do crepúsculo?

o ladrão do arco-íris[7]

sabe-se que a poesia persiste
nos subterrâneos
(a poesia é lixo
circula e ninguém nota)

a cada enchente transbordam
as palavras sujas as imundas palavras
que os corpos desprezam dia após dia
ano após ano há séculos

mas quando um poema
abre fendas e cicatriza a aspereza do verbo
no escuro entre ratazanas e vermes
a vida palpita

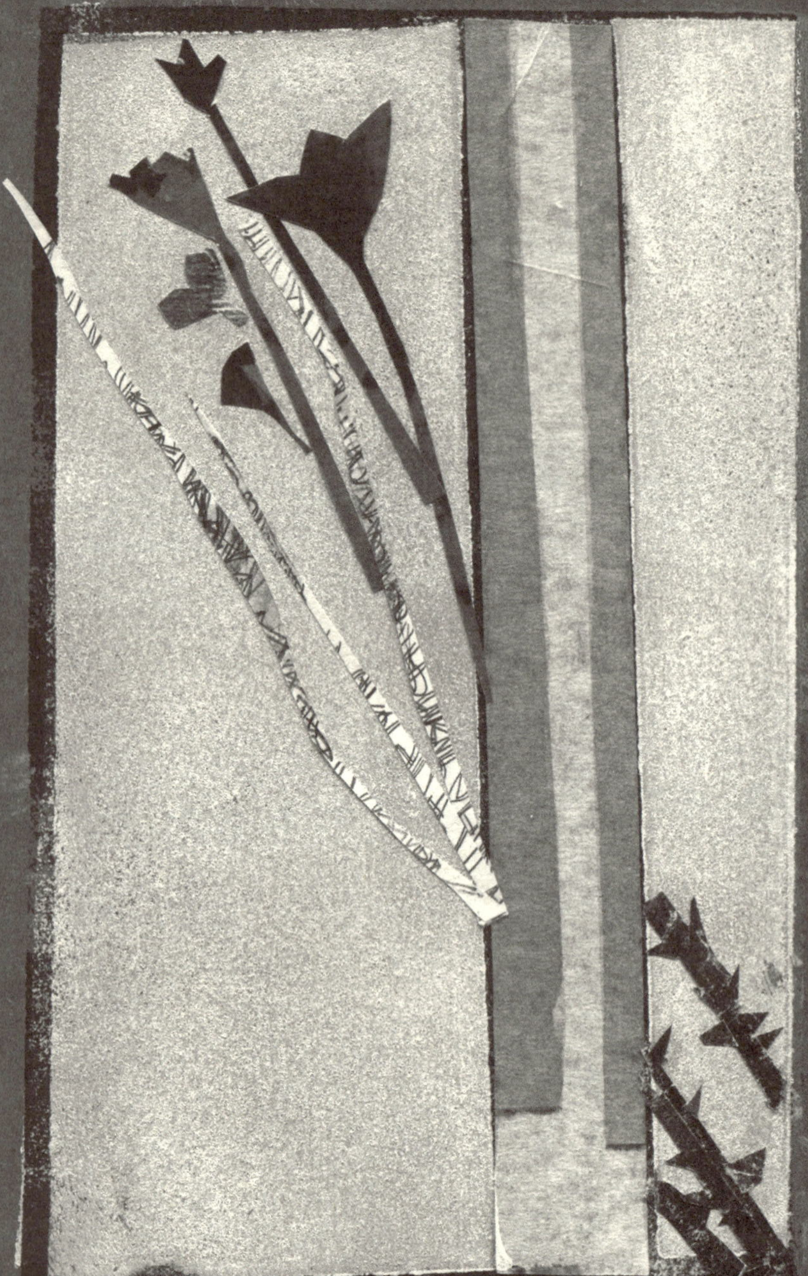

rascunho para um manifesto

"e se me amputassem a língua?"
paulo ferraz

todas as batalhas que virão

para rodrigo e lígia toneto

onde a língua pede
quando a língua sede
onde a língua bebe
quando a língua luta
onde a língua abisma
quando a língua insurge
palavras mãos enxadas
os poemas se erguem

as paixões vestem as páginas
os restos do olhar a voz
o tecido social o corpo político
o tato os ouvidos as ruas
os passos os sufrágios:

que a história perfure as peles
para nunca mais calar (na língua)
as feridas do asfalto

notas

(1) p. 9: "a técnica do crítico em 13 teses". tradução: rubens rodrigues torres filho e josé carlos martins barbosa. in: *rua de mão única*. são paulo: brasiliense, 1987.

(2) p. 64: lésbicas, roseli e andréia, travam pacto de morte na prisão (4/9/1994). https://www1.folha.uol.com.br/fsp/1994/9/04/cotidiano/16.html.

(3) p. 69: referência à greve de "pão e rosas" de 1912 em lawrence, massachussetts, realizada pelas mulheres trabalhadoras da indústria têxtil.

(4) p. 79: composição de duke ellington, com letra de eddie de lange e irving mills. recebeu várias interpretações, inclusive de nina simone.

(5) p. 109: a propósito da escultura de pedro zonza briano, museo de arte latinoamericano de buenos aires/malba).

(6) p. 116: a propósito de passeio ao crepúsculo, van gogh.

(7) p. 117: referência ao filme de alejandro jodorowsky, the rainbow thief, 1990.

sumário

prefácio 11
advertência 21

viadutos 23
    portbou 25
    pangeia 26
    ópio 27
    noturno 28
    sobre o conceito de história 29
    rodas 30
    domingo em guadalupe 31
    transporte público 33
    o levante do rei congo 34
    vão 36
    carta a lula 37
    claustro 38
    dor e esterco 39
    crise de versos 40
    milonga sentimental 41

vias públicas 43
    crime 45
    poema antinatural 47
    ré 49
    ismália 50
    doris 52
    posse 54
    livros de farinha 55
    la maga 58
    guerrilha 59
    viña del mar 61
    maria 62
    roseli e andréia 64
    acalanto para o filho que não vingou 65
    pietá 67
    sem pão sem rosas 69

- galerias ... 73
  - fado ... 75
  - heresia ... 77
  - lona e areia ... 78
  - nênia para nina ... 79
  - a galinha ... 80
  - exílio ... 81
  - babel ... 82
  - peacewindow ... 83
  - gênova ... 84
  - farewell com citações ... 85
  - pranto para a mulher que já não há ... 87
  - a ternura dos ímpios ... 89
  - jardin du luxembourg ... 90
  - fellini ... 91
  - querosene ... 93

- limiar ... 97
  - transgressão ... 99
  - o amor e seus trilhos ... 100
  - o que é a poesia ... 102
  - amantes são soldados ... 104
  - desenredo ... 105
  - depois do ocaso da almada ... 106
  - limiar ... 107
  - ahab e a baleia ... 108
  - creced y multiplicaos ... 109
  - croquis ... 110
  - alexandria ... 111
  - antipraia do caju ... 113
  - istmo ... 115
  - saint-rémy-de-provence ... 116
  - o ladrão do arco-íris ... 117

- rascunho para um manifesto ... 119
  - todas as batalhas que virão ... 121

- *notas* ... 123

TÍTULOS DESTA COLEÇÃO

Quadripartida
PATRÍCIA PINHEIRO

couraça
DIRCEU VILLA

Casca fina Casca grossa
LILIAN ESCOREL

Cartografia do abismo
RONALDO CAGIANO

Tangente do cobre
ALEXANDRE PILATI

Acontece no corpo
DANIELA ATHUIL

na carcaça da cigarra
TATIANA ESKENAZI

Quadripartida (2ª edição)
PATRÍCIA PINHEIRO

ciência nova
DIRCEU VILLA

© 2022 por Diana Junkes
Todos os direitos desta edição reservados à Laranja Original.

www.laranjaoriginal.com.br

Editor   Filipe Moreau
Projeto gráfico   Marcelo Girard
Produção executiva Bruna Lima
Diagramação   IMG3

Dados Internacionais de Catalogação na Publicação (CIP)
(Câmara Brasileira do Livro, SP, Brasil)

Junkes, Diana
  Asfalto : poemas / Diana Junkes ; ilustrações
Marcos Garuti. -- 1. ed. -- São Paulo : Editora
Laranja Original, 2022. -- (Poesia original)

ISBN 978-65-86042-35-1

1. Poesia brasileira I. Garuti, Marcos.
II. Título III Série.

22-102437   CDD-B869.1

Índices para catálogo sistemático:

1. Poesia : Literatura brasileira B869.1

Maria Alice Ferreira - Bibliotecária - CRB-8/7964

Laranja Original Editora e Produtora Eireli
Rua Capote Valente, 1198
05409-003 São Paulo SP
Tel. 11 3062-3040
contato@laranjaoriginal.com.br

Papel Pólen 90 g/m² / *Impressão* Oficina Gráfica / *Tiragem* 200 exemplares